나타
부한
테일즈런너
Tales Runner
부수한자
10
천재 코믹스

테일즈러너 나타부한 부수한자 10권

발행일 : 2015년 6월 15일 초판 / 2015년 6월 15일 1쇄

발행처 : (주)천재교육

발행인 : 최용준

책임편집 : 박세경, 이미순

기획편집 : 이복선, 안흥식

마케팅 : 김철우

제작 : 황성진

글쓴이 : 이준범

그린이 : 이정태

신고번호 : 제 2001-000018호(1980. 5. 28)

편집 : 02-3282-8512

영업 : 02-3282-1675

팩스 : 02-3282-1717

고객만족센터 : 1577-0902

주소 : 153-801 서울특별시 금천구 가산로 9길 54

홈페이지 www.chunjae.co.kr

ISBN 978-89-269-6678-5 64710

감수의 글

"하늘 천(天), 땅 지(地), 검을 현(玄), 누를 황(黃)……."

 한자를 무조건 외우기만 하면 이해도 안 되고 어렵기만 합니다. 어떻게 하면 쉽고 재미있게 공부할 수 있을까요? 바로 부수한자를 만화로 배우면 됩니다.

"부수한자 해 일(日)로 만든 한자는 때 시(時), 어제 작(昨)이 있네? 아하~ 해 일(日)은 시간이나 날짜와 관련된 한자를 만들 때 쓰는구나!"

 부수한자는 한자의 기본이 되는 것으로, 부수가 같은 한자는 서로 연관된 의미를 갖습니다. 따라서 부수한자를 알면 한자의 의미를 이해하는 데 많은 도움이 됩니다.

 한자를 '쉽게' 공부하는 방법에 대한 답이 부수한자라면, '재미있게'에 대한 답은 누가 뭐라 해도 역시 만화가 아닐까요? 〈테일즈런너 나타부한 부수한자〉의 주인공들과 흥미진진한 모험을 함께하는 사이 많은 부수한자를 저절로 알게 될 것입니다.

 많은 어린이들이 이 책을 통해 부수한자를 쉽고 재미있게 공부하여 한자와 친해지기를 바랍니다.

감수자 일동 : 허시봉, 정규돈, 김준영
(전국한문교사모임)

이 책의 특징

1 일거양득(一擧兩得)

: 한 가지 일로 두 가지 이익을 얻음.

이 책 한 권으로 '학습'과 '재미'를 모두 얻을 수 있습니다.

2 박장대소(拍掌大笑)

: 손뼉을 치며 크게 웃음.

테일즈런너와 금동이의 코믹하고 흥미진진한 모험을 함께하며 신 나게 웃을 수 있습니다.

3 파죽지세(破竹之勢)

: 적을 거침없이 물리치고 쳐들어가는 기세.

한자능력검정시험에 자주 출제되는 한자들을 이야기로 구성하여 실전에서 막힘이 없도록 돕습니다.

4 철두철미(徹頭徹尾)

: 처음부터 끝까지 빈틈없고 철저함.

부수한자와 한자의 생성 원리, 한자성어 등 한자의 모든 것을 담았습니다.

부수한자 마법

나타부한(나타나라 부수한자)!

• 부수한자란?

부수한자는 수많은 한자들 중 공통성이 있는 것끼리 모아 그 부분을 대표하는 글자를 내세운 것입니다. 총 214자이며 한자사전(漢字辭典)에서 한자를 찾을 때 기준이 됩니다. 자기 스스로가 부수여서 '제부수한자'라고도 합니다.

• 스토리텔링 연상법으로 214자 부수한자 익히기

제부수한자인 해 일(日)은 달 월(月)과 만나 밝을 명(明)이, 잠깐 사(乍)와 만나 어제 작(昨)이 됩니다. 〈테일즈런너 나타부한 부수한자〉는 214자의 부수한자를 재미있는 만화로 담았습니다. 이 책을 통해 주인공과 함께 신 나는 모험을 하면서 자연스럽게 한자를 익힐 수 있습니다.

• 부수한자 마법 나타부한 활용하기

만화 속 인물들이 "나타부한!"을 외치면 부수한자가 나타나고 그 부수한자를 사용해서 부수한자 마법을 쓸 수 있습니다. 빨간색으로 강조한 부분이 부수한자이며, 그 아래에는 한자의 필순을 표기하여 학습에 도움이 되도록 하였습니다.

南 남녘 남

등장 인물

※ 아래 ▅▅▅ 는 캐릭터의 능력을 표시한 것입니다.

금동이

마력	정의감

0   70   100

부수한자 쇠 금 金 의 기운을 타고 태어난 선비이며 한대제의 제자이다. 한타지의 모든 선비를 없애고 부수한자를 독차지하려는 못된 한마황에 맞서 싸운다.

호야

마력	초스피드 땅파기	한타지 정보 수집

0   30   60   100

금동이가 말썽을 피울 때는 따끔한 충고를 해 주고, 힘들 때는 위로도 해 주는 친구이다. 한타지에 대해 모르는 것이 없다.

한마황

마력	버럭하기

0   70   100

일월오성검을 통해 후천적으로 강력한 부수한자 마법을 얻었다. 양반 무리의 우두머리이며 한타지를 지배하려는 야망에 불타고 있다.

나르시스

마력	시도 때도 없이 거울 보기

0   15   100

테일즈런너에서 '미'를 담당하고 있다. 아름다운 외모가 곧 무기라며 어떠한 순간에도 아름다움을 유지하기 위해 노력한다.

※전설의 아이템 : 마음 심 心 거울

한대제

모든 것이 완벽 그 자체
0　　　　　　　　　　　　　　　　　100

금동의 스승. 한마황이 일월오성검으로 부수 광석을 봉인하고 한타지를 지배하자 몰래 금동이를 키우며 한마황에게 맞설 준비를 한다.

삼천갑자 동방삭

마력
0　　　　　　　　　　　　　　　　　100

세상의 것에 대해 모르는 바가 없으며, 엄청난 부수 한자 마법 능력을 가진 전설 속의 인물. 한대제의 오랜 친구이다.

밍밍

마력	분위기 파악 못하는 나르시스 날려 버리기
0　　　　　30　　　　　　　　　　　　　100

테일즈런너에서 ‘귀여움’을 맡고 있으며, 상냥한 말씨와 부드러운 미소를 가졌다. 하지만 한번 화가 나면 걷잡을 수 없는 다혈질이다.

※전설의 아이템 : 기운 기 氣 손목 보호대

러프

마력	판단력	뒤로 달리기
0　　　15　　　45　　　　　　　　　100

테일즈런너에서 ‘냉정함’을 담당하고 있지만 알고 보면 마음 따뜻한 남자이다. 뒤로 빨리 달리기가 특기이며, 빠른 판단력으로 위기 상황을 잘 헤쳐나간다.

※전설의 아이템 : 빠를 속 速 신발

 10권 부수한자

白	里	竹	車	十	气	辶	灬	人
흰 백	마을 리	대 죽	수레 차/거	열 십	기운 기	책받침	연화발	사람 인
8급	7급	4급	7급	8급				8급

立	宀	氵	示	亅	方	色	心	口
설 립	갓머리	삼수변	보일 시	갈고리 궐	모/방향 방	빛 색	마음 심	입 구
7급			5급		7급	7급	7급	7급

※ 한자의 순서는 책에 등장하는 순서입니다.

 10권 부수한자로 만들어진 한자

白 흰 백	百 일백 백 7급	里 마을 리	重 무거울 중 7급	竹 대 죽	算 셈할 산 7급	車 수레 차/거	軍 군사 군 8급
十 열 십	南 남녘 남 8급	气 기운 기	氣 기운 기 7급	辶 책받침	速 빠를 속 6급	灬 연화발	然 그림/불탈 연 7급
人 사람 인	來 올 래 7급	宀 갓머리	室 방 실 8급	氵 삼수변	漢 한나라 한 7급	亅 갈고리 궐	事 일 사 7급
心 마음 심	愛 사랑 애 6급	口 입 구	命 목숨 명 7급				

10권 한자성어

고진감래(쓸 **고** 苦, 다할 **진** 盡, 달 **감** 甘, 올 **래** 來)
▶ '쓴 것이 다하면 단 것이 온다.' 는 뜻으로, 고생 끝에 낙이 온다는 말임.
고립무원(외로울 **고** 孤, 설 **립** 立, 없을 **무** 無, 도울 **원** 援)
▶ '아무런 도움도 받지 못한 채 홀로 외로이 서 있다.' 는 뜻으로, 도움이 필요한데 아무도 도와 주지 않는 상황을 말함.

차례

지난 줄거리

나타부한
(나타나라 부수한자)!
9권에서 무슨 일이
있었지?

부수 광석 목걸이를
만드는 장치를 부수기
위해서 지오를 따라
지하 고을로
향하는 금동 일행!

지하 고을에서
정체를 드러낸 지오는
독가스 공격으로
모두를 지치게 했어.

금동이가 지오와 싸우는 동안, 테일즈런너들은 문영과 함께 지하 고을을 파괴했지.
문영이 금동이를 돕는 진짜 이유가 한마황을 예전으로 되돌리기 위해서라는 사연도 들을 수 있었어.
이때 눈앞에 나타난 한마황! 금동 일행은 앞으로 어떤 활약을 펼칠까?
10권 속으로 출발!

프롤로그

한마황이 모습을
드러냈어!

한마황!

금동아,
진정해!

지오를 상대하느라
힘이 다 빠졌는데,
하필 지금 한마황이
나타나다니.

거짓
하지
팡

한마황 님,
이 아이들은 적이
아니에요.

한마황 님이 예전의
모습으로 돌아올 수
있게 도와 줄 거예요.

음~.

그런데
넌 누구냐?

서, 설마.

힘칫

뭐라는
거야?

한마황 님!
개똥이 시절부터
함께한 저를
못 알아보시겠어요?

슥

꺄악!
저리 비켜!
푸콱
문영!
어떡하지?
한마황,
너 정말!
파
아으

네 부하도
못 알아본단
말이냐!
짜
아
금동아,
에너지를
아껴야 해!
콰
쾅

아직
문제없어!
크크. 고작 남은
힘이 이 정도냐?
콰악
촤악
촤악

캉
쾅
공격은 안 하고
도망 다니고만 있어!
엄청난
싸움이야!
근데 금동이가
더 많이 공격
하잖아.
뭔가 이상해.
한마황이
저렇게
당할 리가
없는데.
19

이상한 것은 그뿐만이 아니야.
일월오성검이 없다는 걸 말하는 거지?
문영!
그런데 왜 중요한 싸움에 검을 가지고 오지 않으신 걸까?
금동이를 얕보고 있는 건가?
그럼 결국 우리까지 얕보는 거잖아!
내 실력을 모르는군!
한마황 님은 일월오성검을 찾으신 후, 항상 몸에 지니고 계셨어.

덤으로
내 얼굴~.
흡!
그럴 상황이
아니야.
한마황이
전혀 널 모르는
거지?
그런 것
같아.
턱
그렇다면!
헉!
헉!

공격 좀 한 걸 갖고 지친 거냐? 내가 작은 선물을 준비했는데.
지치긴 누가 지쳤다는 거야!
거대한 기운이 느껴져.
으아악!
쿵 쿵

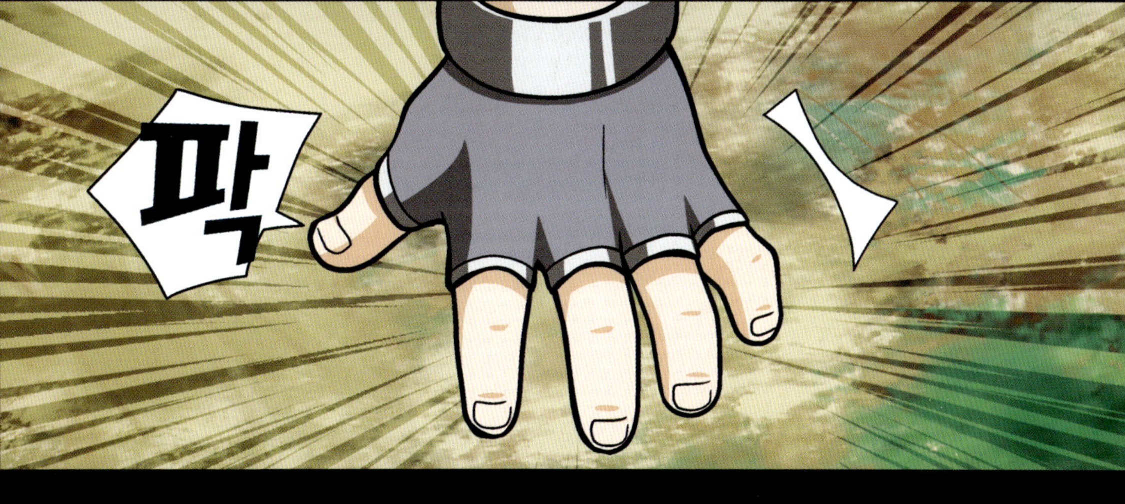

팍
헉!
헉!
부우우

지오와
싸우느라 힘을
다 썼나 봐.
힘을 빼려고
피하기만 한
거였어!

크크. 그럼
이 정도도
문제없겠지?
나타부한!
흰 백 白!
흰 백 白을
부수로 해서
군사들아, 나와라!
일백 백 百!

쿠쿵

한마황의
군사들이야!
일백 백 百으로
불러내고 있어.

흰 백 白 부수의
일백 백 百
이라니!

白 흰백 ` ノ 亇 白 白   百 일백백 一 一 丆 丆 否 否 百

25

 *상대(相 서로 상, 對 마주할 대) : 마주 보고 겨룸.

문영!
나도 한마황 님께 맞설 거야.

뭐라고?
한마황 님을 해치겠다는 게 아냐.
하지만 지금의 한마황 님은 나도 알아보지 못하셔.

한마황 님을 변하게 한 일월오성검의 마력을 용서하지 않을 거야.
좋아! 함께 싸우자!

27

너희 몇 명이 모인다고
내 군사들을 이길 수
있을 것 같으냐?

길고 짧은 건
대 봐야 안다고!

언제까지 그런
얘길 할 수 있을까?
나타부한!
마을 리 里!

 里 마을리 ｜ 冂冂冂目甲里

마을 리 里를
부수로 해서 몸아,
무거워져라!
무거울 중 重!
몸이 갑자기
말을 안 들어.
무거울 중 重
때문에 서
있는 것도
힘들어.
웅
웅
重 무거울중　丶　一　亡　亭　亭　亭　重　重
29

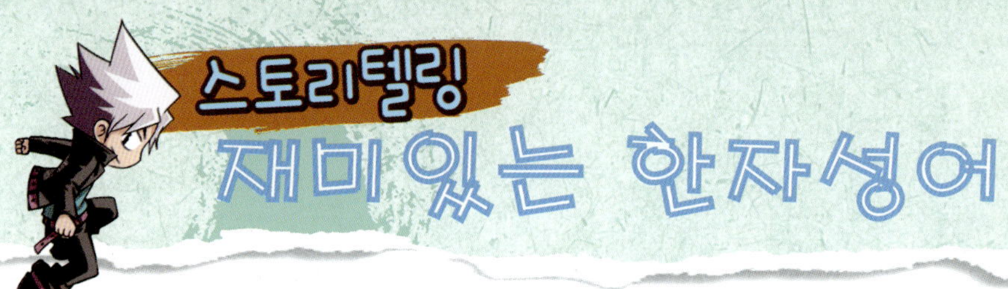

고진감래

苦 盡 甘 來

쓸고 　다할진 　달감 　올래

'쓴 것이 다하면
단 것이 온다.' 는
뜻이에요.

무슨 소리! 이렇게 먹다 보면 딸기맛이 나올 거라고!
그, 그래~.

맞아. 고진감래라는 말도 있잖아.
고진감래?

고진감래 (苦盡甘來)란 '쓴 것이 다하면 단 것이 온다.'는 뜻이야.

어렵고 힘든 일이 지나면 즐겁고 좋은 일이 온다는 것을 뜻하지.
그래?

좋았어! 계속 먹는다!
오독
켁~! 또 포도맛이야.
딸기맛은 아까 내가 다 먹었지롱~!

1장
한마황의 함정이라고?
算
셈할 산
算
셈할 산(算)의 부수한자는
대 죽(竹)입니다.

무거울 중 重으로
금동이와 친구들을
더욱 지치게
하다니.

과연 한마황이야.
절대 봐주지
않는군!
비빅
비빅

내가 금동이의 힘을 빼지 않았다면 불가능했겠지.
비빅
비빅
모두 해치울 수 있었는데 분하다!

시끄러워!
지금 뭐하는 거야?
혼자 계속 떠들고.

너희가 금동이를 해치우지 못해서 이렇게 된 거잖아!
뭐?
그게 왜 나 때문이야? 얘 때문이지!

빠오가 처음부터 금동이에게 밀려서 그런 거잖아!
카오, 너! 이 하룻강아지가!

그러는 넌 그냥 새싹이잖아!
그래도 난 귀엽거든?
옥신
각신

파리는 좀 빠져 있어!
지금 우리끼리 이럴 때야?

나한테 파리라고 하지 말랬지!

숨긴다고 숨겨지는 게 아니야.
휙
응?

똥이다!
콰직

뭐야? 진짜 똥이 아니라 장난감이잖아!
퉤
캉

쯧.

에헴! 아무튼 우린 작전을 짜야 한다고.
으흠
작전?

한마황은 지금 금동이를 해치우기 직전이야.
우리랑 무슨 상관이야?

한마황이 금동이를 이기면 우린 할 게 없어지잖아.
그런가?

할 게 없는 건 지금도 마찬가지잖아.
맞아. 이제 우린 너무 약해졌어.

잊었어?
지금 이 성엔 한마황이 없다고.

물론 우리가 금동이나 한마황과 싸우기엔 부족하지.

하지만 한마황이 성에 없다면 우리 힘만으로도 보물을 찾을 수 있어.
보물?

*분신(分 나눌 분, 身 몸 신) : 한 몸체에서 갈라져 나온 것.

바로 그거야.
그럼 일월오성검은 어디 있는 거지?

어이구! 어디 있겠냐?
빡!

이유는 모르지만 한마황은 일월오성검을 성에 두고 간 게 틀림없어.

따라서 우리가 잽싸게 검을 훔쳐서 도망치면 되는 거지.
우아, 정말 사악한데?

우린 마계 삼장군이야. 당연히 사악해야 하는 거라고!
그런가?

 竹 대 죽

算 셈할 산　　　丿 亇 亇 竹 竹 竹 笁 笁 笪 笪 算 算

저 숫자가 부하들 수란 말이지?
셈할 산 算 굉장한데?
숫자 2는 부하가 2명이라는 뜻이지.

그럼 일월오성검을 가지러 가자!
촤악
괜찮을까?

타탁탁

이 돌들은 엄청 크네.

그냥 돌일 뿐이라고!
그런가?

얘네가 한마황의 부하가 아니어서 다행이야.
툭툭

OX 퀴즈 셈할 산 算의 부수한자는 대 죽 竹이다? (정답은 43쪽.)

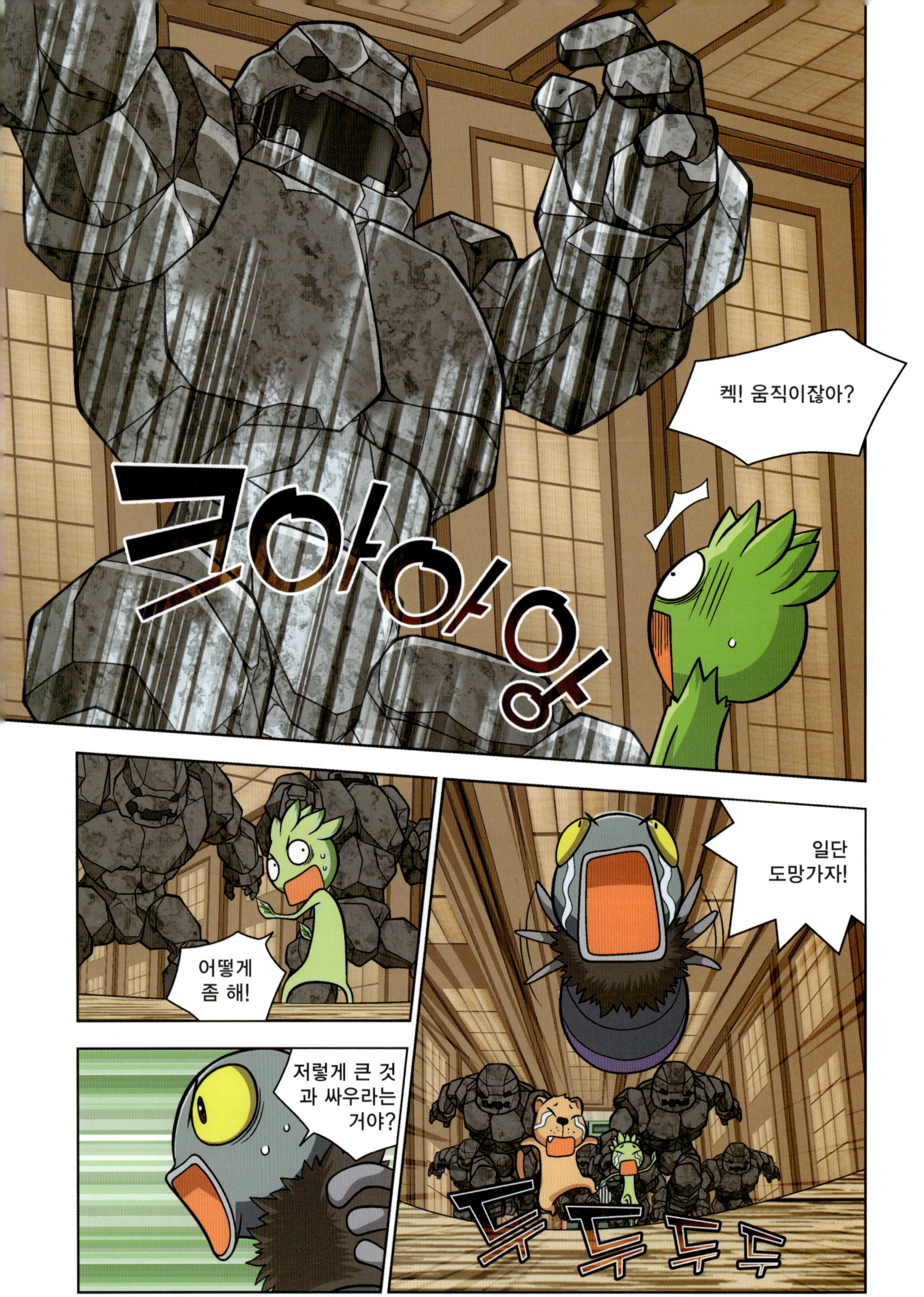

크아앙
켁! 움직이잖아?
어떻게 좀 해!
일단 도망가자!
저렇게 큰 것과 싸우라는 거야?
두 두 두 두

저기
갈림길이다!

오른쪽이야!
3
0

여긴 한마황의
부하가 없어!
0

야호,
성공이다!
벌
컥

정답 0

으헥!
파리?
셈할 算
대로면 부하들이
없어야
하잖아!
이럴 리가
없는데.
셈할 算 마법이
잘못된 건가?

어? 너흰 뭐야?
침입자다!
잠깐!

내가 모습이 좀 바뀌긴 했지만, 나야 나!
지하의 장군 지오라고!
지오?

난 동물의 장군 카오!
난 식물의 장군 빠오!

너희가 삼장군이라고?

알았으면 길을 좀 비켜 주시지?

헹~. 웃기고 있네.
뭐?

우리 지오 님은 너 같은 똥파리가 아냐.
똥, 똥파리?

거짓말하지 말고 순순히 항복해라!
이 정도의 공격도 막기 힘들다니!

차악
차악
미꾸라지처럼
잘도 빠져
나가네!
녀석들을
잡아라!

안 되겠어!
지금 우리 힘으론
이런 녀석들과
싸우기도 벅차!
좋아,
그렇다면!

다시
도망이다!
거기 서라!
다다다

잠깐! 삼장군이 저런 녀석들 때문에 도망치는 거야?
그럼 어떡하자고?
까각

저런 조무래기들은 카오 님이 상대해 주지.
척
척
아직도 깃발을 가지고 있었어?

깃발이 없으면 동물의 장군이라 할 수 없거든.
그럼 어서 한자 마법을 써 봐!
알았어. 나타부한! 수레 차/거 車!

수레 차/거 車를
부수로 해서
동물 군사들아,
나타나라!
군사 군 軍!
펑
엥?
펑
군사 군 軍
마법으로 겨우 양
두 마리라니.
우리 한자
마법이 전부
약해진 것 같아.
네가 쓴
셈할 산 算
마법도
그랬지?
히우우
이게
아닌데~.

 *석상(石 돌 석, 像 모양 상) : 돌로 만든 사람이나 동물의 모양.

마지막 힘을
모아 해보자!
나타부한!
열 십 十!
열 십 十을
부수로 해서
남쪽으로 이동한다!
남녘 남 南!
꾸
캉
남녘 남 南
이라더니 모두
사라졌어!
냐우우

*착지(着 붙을 착, 地 땅 지) : 땅바닥에 내려 섬.

사악한 삼장군이
동물을 불쌍하게
여기다니!

한자 마법 힘이
약해지면서 사악한
기운마저 약해졌어.
이대로 두면
절대 안 돼!

그런데 여긴
한마황의
방이잖아?
어?
정말이네.

남녘 남 南
마법이 성공한
모양이야!
으하하~.
이 정도야
보통이지.
헤헤 정말
될 줄은 몰랐는데

이제부터 다들 흩어져서 일월오성검을 찾자!
좋아!

여기도~.
일단 여긴 없고.
여, 여기도.

아무데도 없어. 힘들어~.
완전 파김치 되었어
이럴 리가 없는데.

혹시 이걸 찾는 거냐?

일월오성검을 찾고
싶었으면 처음부터
나를 만나러
왔어야지.

하, 한마황!
왜 이곳에?

올 래(來)의 부수한자는
사람 인(人)입니다.

氣 기운 기

*회복(回 돌아올 **회**, 復 회복할 **복**) : 나빠진 상태에서 다시 좋은 상태로 되돌리는 것.

速 빠를 속 ー ｀ ｀ ㄱ ㅁ ㅂ 束 束 束 涑 涑 涑 速

우린 절대
지치지 않는다고!
모두 덤벼라!
뻑
뻑
뻑
문영, 이제
네 차례야.
챠아아앗

한마황 님!
왜 이렇게
변하신 거죠?
욱
이 싸움을 끝내야
겠어요!

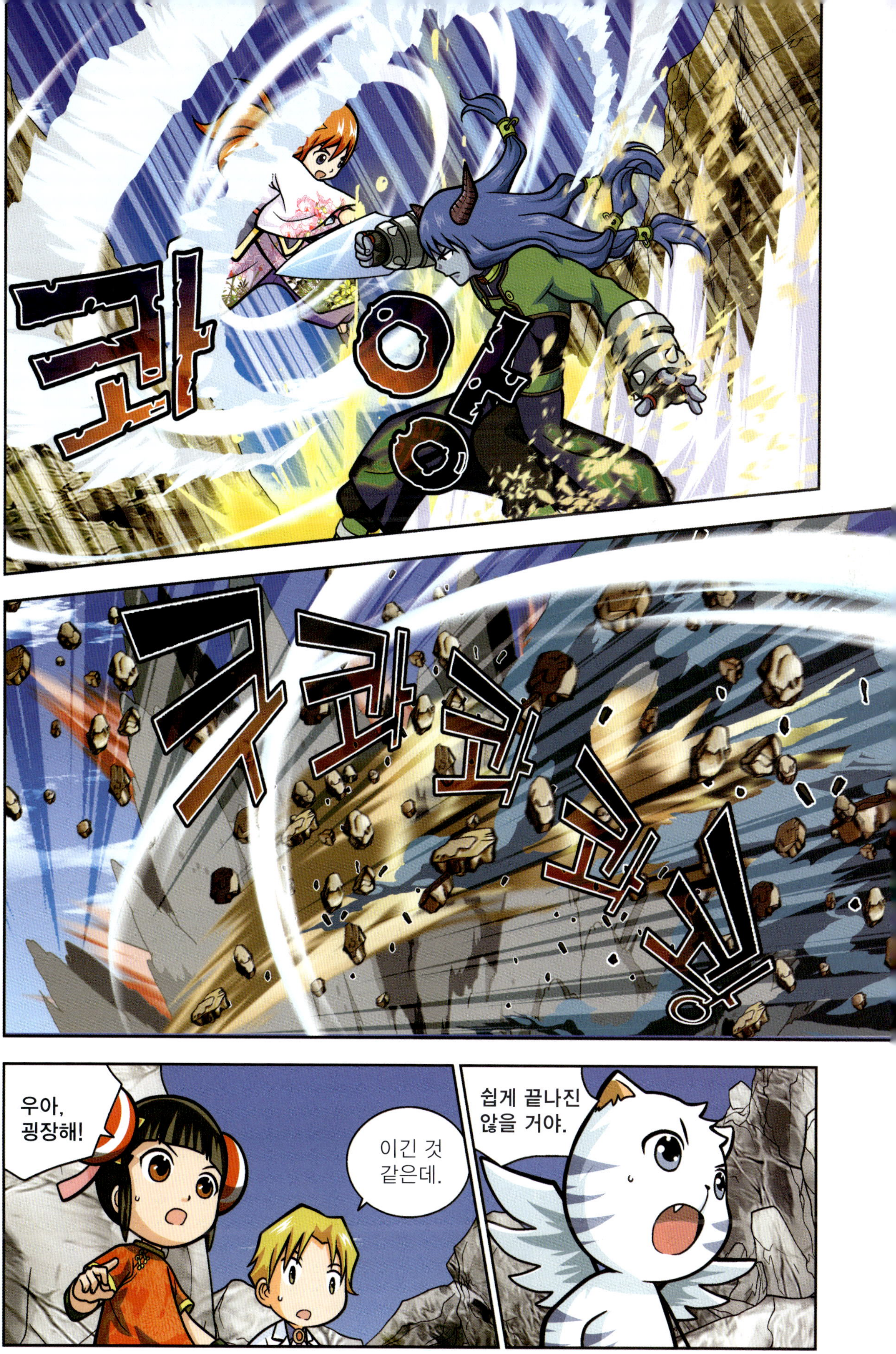

우아, 굉장해!
이긴 것 같은데.
쉽게 끝나진 않을 거야.

크하하하!

무거울 중 重 마법의 효과가 없어졌나 보군.
ㅑ우우
꽤 위험하긴 했어.

위험한 일에 내가 직접 나설 필요는 없지.
그럭
그럭

한마황 님!

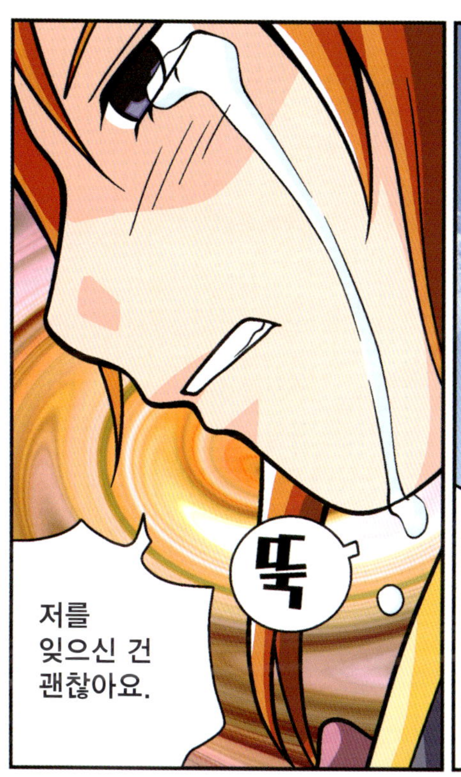

*비겁(卑 낮을 비, 怯 겁낼 겁) : 비열하고 겁이 많음.

비겁하더라도 이기기만 하면 되지.
한마황 님은 악당이지만 비겁한 분은 아니시잖아요.
기억뿐만 아니라 성품까지도 바뀔 수 있단 말인가?
그게 아니면!

없애라!
흑흑!
탁 탁 탁

연화발 灬을
부수로 해서
타올라라!
불탈 연 然!
콰아아
然 灬
혼자서 날
상대하겠다니!
콰아아
然 灬
나타부한!
불탈 연 然!
然 그럴/불탈 연 ' ク タ タ 夕 夕 妖 妖 妖 妖 然 然 然
65

하하. 불탈 연 然 마법을 썼으니 곧 힘이 빠질 거야.
그때 내가 나서지.
아~! 한마황 님은 저런 비겁한 자가 아니야.
이제 슬슬 끝내 볼까?
척
촤악

으랏차차차!
너는 왜?
문영 낭자, 고운 얼굴은 상하지 않았나요?
느끼해서 무슨 말을 해야 할지 모르겠네.

근데, 아침을 많이 먹었나 봐. 꽤 무겁네.
탁탁탁

숙녀에게 그게 무슨 소리야!
짝
크악!

좀 창피하지만 다시 공격해 보자고.
아, 알았어.
히잉 기껏 구해 줬더니

또 해보겠다는 거냐? 상관없어.
군사들은 얼마든지 있으니까.

적의 수가 너무 많아.

어쩌지?

포기하기는 아직 일러.
앗, 금동아!

이제 회복 된 거야?
너희들 덕분이야.

한마황, 이제부터가 진짜다!

정말 귀찮은 꼬맹이구나.

이번엔 네 뜻대로 되지 않을 거야.

 *패배(敗 패할 패, 北 패할 배) : 겨루어서 짐.

너희는 이미 졌어! 뭘 더 인정하겠다는 거냐!
무슨 헛소리야!
네놈들이 아무리 작전을 세워도 날 이길 순 없어!

우린 지지 않았어.
우린 더 단단해졌다고.
그러니까 작전 시간을 준다면
깨끗하게 인정 하겠다고.
음……
하하!
재미있는 꼬맹이구나.

꼬맹이라고 불러도 좋아. 마지막 공격만 할 수 있게 해 줘.
너!

지쳐서 꼬맹이라는 말에 반응하지 않은 게 아냐.

이 싸움을 이기기 위해 참고 있는 거야!
어쩔 테냐?

좋아.
네 녀석의 말을 받아 들이지.

명심해라! 공격은 한 번뿐이다.
그거면 충분해.

모두 모여!
어차피 녀석들은 지쳐서 날 공격할 힘이 없어.

게다가 날 공격하기 전에 내 군사들에게 막힐 거야.
크크.

그때 싸움의 진정한 승자가 되어야지.

금동아! 정말 괜찮은 거야?
응.
우리가 한마황을 이길 작전이 있다고?

문영이 한마황을 공격 하려고 할 때

한마황은 군사들을 모두 문영 쪽으로 보냈어.

그 틈을 이용하는 거야. 군사들이 한마황과 떨어진 틈!

가능 할까?
틈을 노리라고?

작전만 짤 거냐? 너무 지루한데.

좋았어! 마지막 공격이다!
정신을 모아서 한마황을 무찌르자!

대체 저 무모한 용기는 뭐지?
작전 개시!

간다!
뭐야? 작전이 그냥 돌진하는 거냐?
부탁한다, 친구들!

저것들을
막아라!
모두 가라!
뭐? 고작 그게
작전이야?
응.

적들이 돌진하는
너희를 막아설
거야!

그때 내가
저놈들을 한꺼번에
처리할게.

쓸 만한
한자 마법이
있어?

응. 날
믿어 줘.

그래,
믿을게.

까각

금동아,
지금이야!

차악
나타부한!
사람 인 人!
사람 인 人을
부수로 해서 한마황의
군사들아, 내게 와라!
올 래 來!
來
파악
來 올래 ㄱ ㄱ ㄲ ㄲ ㄲ 來 來 來

케엑!
쾅
올 래 來로
한마황의 군사들을
자석에 붙은 것처럼
뭉쳐 놓았어.
꼼짝도
못하겠지.
올 래 來?
흥, 뭐야!
군사들을 뭉쳐서
어쩌겠다는 거지?

그래 봤자 마법의 효력이 떨어지면 원래대로 될 텐데.
승부는 났다!
과연 그럴까?
나타부한! 설 립 효! 금동이의 기운으로 적을 모두 위로 세운다! 설 립 효!
과아
효

 OX퀴즈 설 립 효은 제부수한자이다? (정답은 86쪽.)

작전은
이제부터다!

땅

뭐라고?

모두의 힘을
하나로!

좌

아

아

漢
한나라 한

한나라 한(漢)의 부수한자는
삼수변(氵)입니다

아니 처음부터
속지 않았다는 게
맞겠군.

그럼 알고
있었는데 연극을
했다는 거잖아!

이런 비겁한!

비겁해?

척

그, 그게.

난 너희를
속인 적이 없어.

너희 스스로
속아 넘어갔을
뿐이지.

무슨
말이야!

난 처음부터
금동이를 만나러
나간 적이 없거든.

그럼 지금
금동이와 싸우고
있는 건 누구야?

우리가
수정 구슬로
똑똑히 봤는데.

너희에게 그것까지
설명할 필요는
없겠지.

큭!

나타부한!
갓머리 ᄂ!

갓머리 宀를
부수로 해서
가둘 방아, 생겨라!
방실室!
방실室
이라니! 이게
무슨 짓이야!
그럴 순 없지.
너희가 또
무슨 짓을 꾸밀지
모르니까.
꺼내 줘!
이제 우린
어떻게 되는
거야?

室 방실

너희는 평생
그 방에서 살아야
할 거야.

말도 안 돼.

방 실室로
만들어진 방은
아주 튼튼해.

크흐흐, 그렇다면
최후의 수단이다!

또 뭘 하려는
거지?

아잉~. 풀어
주세요~. 멋진
한마황 님!

뎅

다신 나를 배신하지 않겠느냐?

좋다. 한타지를 뜻하는 마법을 쓰지.

물론입니다! 헤헤~.

삼수변 氵을 부수로 해서 한나라 한 漢! 삼장군을 영원히 한타지 밖으로 추방한다! 저녁 석 夕을 부수로 해서 바깥 외 外!

끝까지 속이네! 한나라 한 漢과 바깥 외 外로 우릴 내쫓다니!

漢 한나라 한 　丶丶氵氵汁沣洪洪洪渄渄漢漢

콰아아

누우우
배신자들이 사라졌군.
한마황!
우린 널 용서하지 않겠다!
이제 정말로 금동이 녀석을 해치우러 가 볼까?

나으으
그것보다
한마황이
이상해!
작전이 성공
한 건가?
이, 이건!

정답 ✗ 한나라 **한** 漢의 부수한자는 삼수변 氵입니다.

결국 우리들의 모습을 보여야겠군.
우리들 이라니?
콰아아아

뭐야?
웬 폭발이야?
다들
괜찮아?

우아아앗!
한마황?

바우우
우리가 아직도
한마황으로 보이니?

ラ
ヲ

놀랐나? 그럴 만도 하겠군.
속았다!
너희들은 누구냐?
쿵

이렇게 본모습을 드러낸 이상 우리 소개를 하지!
난 하트의 여왕 레드!
난 스페이드의 왕 블랙!
다이아몬드의 왕자 블루란다!
클로버의 기사 그린 님이지!

*친위대(親 가까울 친, 衛 지킬 위, 隊 무리 대) : 최고 권력자를 경호하는 부대.

한마황 님은 처음부터 여기 오신 적이 없다.

우리에게 너희를 맡기고 배신자를 처리하고 계시지.

곧 이쪽으로 오실 거야. 너희는 항복한 상태겠지만.
저 녀석들이!

아마 문영이 너도 한마황 님을 배신했지?

난 배신이 아냐!

한마황 님이 예전의 모습으로 돌아오길 바란 것뿐이라고!

어머, 그건 누구 생각인데?
지금의 모습은 한마황 님이 원하신 거야.
움찔

부하 주제에 멋대로 주인을 바꾸려고 들다니.
한마황 님은 순수한 분이셔. 모든 게 일월오성검 때문이야.

이유가 뭐든 상관없어. 배신자는 한마황 님이 처리하실 테니까.

그동안 너희는 우리가 맡아 주마.

금동의 작전으로 우린 더 이상 싸울 힘이 없어.
부들 부들
지금 한마황이 온다면 우리는 이길 수 없어!
저 녀석들의 힘이 얼마나 되는지 전혀 알 수 없는데.

그나저나 하나같이 웃기게 생겼네!
풋
풋
풋

감히 우릴
놀리다니!

어이~ 너.
내 상대는 너야.
나?

우릴 비웃은
걸 후회하게
해 주마!

차아 야앙

웬 회오리
바람이지?

회오리 바람이 더 거세지고 있어.
나도 어딘가로 끌려가.

문영, 어떻게 좀 해!
아무것도 안 보여.
휘이이잉

보일 시 ホ를 제부수로 해서 앞이 보여라! 보일 시 ホ!
나우우
팡

어떻게 된 거지?
스스스스스

모두
사라졌어!

일 사(事)의 부수한자는
갈고리 궐(亅)입니다.

팟
앗, 눈부셔!
너는!
호호, 다시 보니 반갑지?
친구들은 어디 있어?

내 동료들이 각자의 방으로 데려갔지. 다들 잘 만나고 있겠군.

예감이 안 좋아.

우리 네 명의 비밀 친위대는 각자의 방을 만들어 싸울 수 있는 능력을 가지고 있지.
이곳은 내 방인 '여왕의 방'이야.
그런데 이상하네. 왜 호랑이 녀석과 배신자 여자아이는 끌려오지 않았지?

호야랑 문영을 말하는 건가?

상관없어. 난 너를 제일 상대하고 싶었으니까.
왜 나를 미워 하는 거야?
네 입으로 솔직히 말해!
잠깐! 뭔가 오해가 있는 것 같은데.
츠아악

그걸 몰라서 물어?

 *연약(軟 여릴 연, 弱 약할 약) : 연하고 약함.

지금 일을 절대
한마황 님께는 말하면
안 돼!

그럼 목숨만은
살려 주지.
뭐?

한마황 님은
날 연약하고
예쁜 여왕으로만
알고 계시거든.

환상을 깨트릴
순 없다고~.
그래.
원한다면
말 안 할게.

고마워. 사실
넌 좋은 애구나!

잠깐! 이게 아니지!

쟨 분명히 적이라고! 절대 친해져선 안 돼!
뭐 뭐야
이랬다 저랬다

그래! 역시 네가 좋은 아이일 리가 없어!

너도 한마황 님께 잘 보이고 싶었던 거지?
무슨 말이야?

네가 가진 힘을 보면 알 수 있지.

내가 왜 연약한 척을 해?
그동안 어떻게 한마황 님에게 연약한 척을 한 거지?
다 알고 있으니 한마황 님을 사랑한다고 고백해!
따방
사랑?
그동안 마음을 숨겨 왔겠지.

氣 기운 기

역시 일부러
무시무시한
힘을 숨기고
있었던 거야!
찌릿
누가 숨겼다고
그래?

한마황 님을
진정 사랑하는
건 나야.

자꾸 사랑
타령이야.
정말 제정신이
아니야.

나타부한!
갈고리 궐ㅣ!
뻥

 事 일 사　一 ㄱ ㅋ ㅋ 亘 亘 亘 事

일 事 마법 때문에 기운이 완전히 빠질 거야.
윽.

이제 그만 한마황 님을 포기해!
친구들아, 도와 줘!

거대한 숲이야!
회오리가 여기까지 데려왔네.

'기사의 숲'에
온 기분이 어때?

나는
클로버의 기사
그린 님이다.

이곳은
내가 가장 잘
싸울 수 있는
공간이지.
내 친구들은
어딨어?

친구들을 걱정할
때가 아닐 텐데.

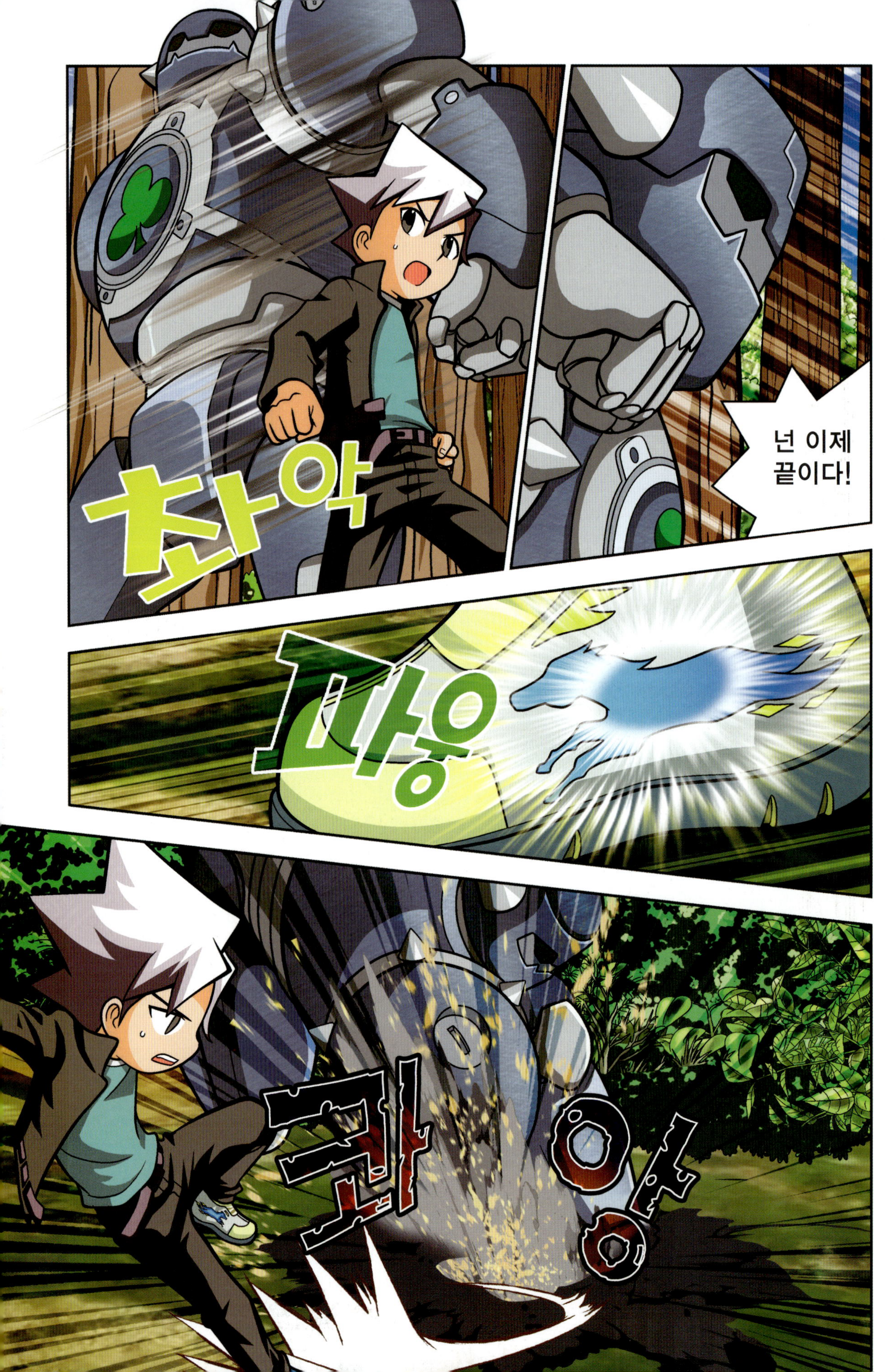
넌 이제
끝이다!
촤악
파웅
콰
앙

方 모/방향 **방**　ˋ 一 亠 方

이 빛은 뭐지?

난 이제 네가 어디로 갈지 알 수 있게 되었다.

아무리 빨라도 방향 방 方으로 방향을 미리 안다면 소용없지.

흥! 내가 그 말에 흔들릴 줄 아냐?
빠를 속 速 신발의 힘을 보여 주지.

넌 내 속도를
못 따라와!
차아아앗
어?
계속 빛이
따라오네.
내가 갈
방향으로 먼저
가고 있어.

좋아! 방향을 바꿔야지.
카기각
딱
빛의 방향도 바뀌고 있어.
좌악
내가 미리 방향 方 마법의 힘을 경고했잖아!
촹!
이런 법이 어딨어!

빠!
으아

콰앙!

강, 강하다!
새로운 적은
휠씬 강해!
금동, 밍밍,
나르시스! 모두들
괜찮니?

후후.
방향 방 方으로
한 놈 해결!
남은 녀석들도
곧 해결되겠지.

한편

쿠쿵

대체 여긴
어디지?

5장
친구들을 위한 선택은?

色

빛 색

빛 색(色)은
제부수한자입니다.

이렇게 아름답게
빛나는 것이라면?

그래.

다이아몬드
란다.

정식으로 인사를 하지.
난 다이아몬드 방의
주인 블루다.

안됐지만
넌 이곳에 온
이상~. 엥?
우왕!

이게 모두
다이아몬드
라니!

이봐. 아직
분위기 파악이
안 된 것 같은데.
저것도 너무
예쁘다!

이거 하나
정도는
가져도 되지?

반짝거리는 것이
너무 예뻐.
까아
크윽.

너는
네 친구들이
궁금하지도 않아?

친구들?
휘청
안
궁금한데.

뭐? 친구들이
사라졌는데
안 궁금하다고?

보나마나
한 명씩 어디로
데려갔겠지.

뭐?

여기에 너와
나만 있잖아.
내 친구들도 이렇게
적과 한 명씩 있겠지.

뭐야? 보기보다 굉장히 똑똑…….

콱
이건 내 강철 이로 캘 거야.

……하지 않구나.
크악. 내 이~!
멀쩡

빨리 끝내 주마. 나타부한!
빛 색色!
잠깐이지만 진지하게 생각한 내가 창피하군.
무향
색

色 빛 색 ノ ク ク ク 色色 色

받아라!
빛 색色의
힘을!
쾅아앙
훗
척
나타부한!
사랑 애 愛!
사랑의 힘으로
변신하라!
팡
愛

푸
컹
슈
우
우
아니,
빛 색色 마법이!

친구들을 구해야 하니 빨리 승부를 내 볼까?
좀 전까지는 힘이 없었지.
그러나 여긴 빛나는 다이아몬드 방이잖아.

말도 안 돼.
넌 분명히 힘이 빠져야 하는데.
이런 방에서라면 기운이 날 수밖에 없다고.
우히히~!
크윽.

이번에야말로
내가 모두를
구할 거야!

차아아약

착각은 자유지만,
아직 빛 색色
공격은 끝나지
않았어.

저것은!

정답 O

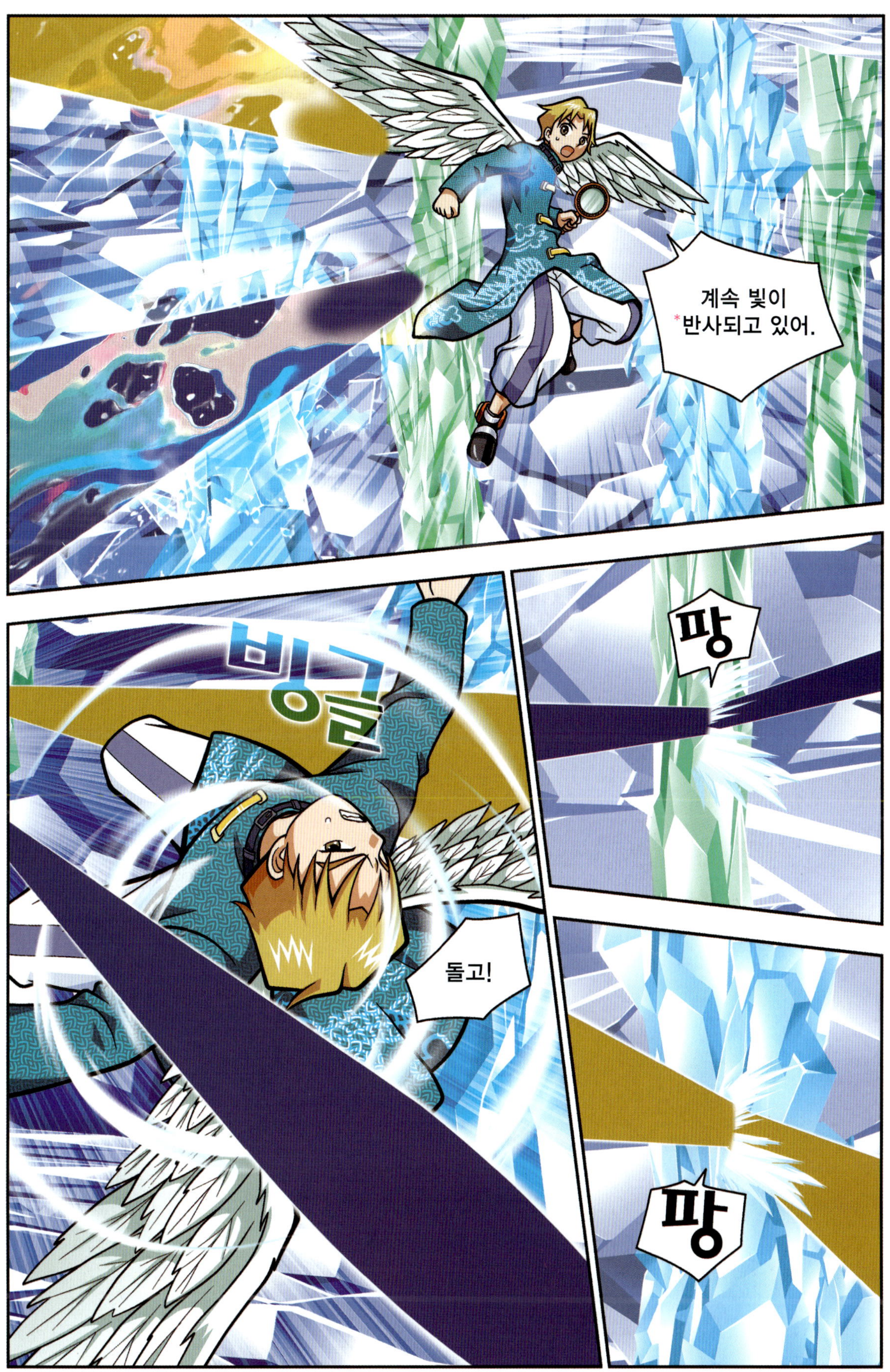

*반사(反 돌이킬 **반**, 射 쏠 **사**) : 한 방향으로 나아가던 것이 다른 물체에 부딪쳐서 되돌아오는 현상.

팡
팡
팡
팡
다이아몬드를
거울로
이용하다니!
이런!
샤샥
팡
팡
팡

반사 때문에
빛 색色 마법이
더 강해지고 있어.
팡
팡
팡
팡

뒤?
후후. 뒤쪽도
보셔야지.

쿠콰콰쾅!
펑
아얏!

쿠당탕
나는
사랑 애 愛 로~.
꼬맹이 녀석,
변신도 소용없나 보군.
이제 그만 끝내야지.

ヲチ

쿵
잘 봤지?
러프, 밍밍,
나르시스!

 *분노(憤 분할 분, 怒 성낼 노) : 분하여 성을 냄.

그러고 보니
다시 기운이
솟아나고 있어!

하지만
한자 에너지를 갖는
것만으로는 친구들을
구할 수 없지.

쫙
나에겐
일지매의 힘도
함께 있다.
포기해라!

일지매의
무기라~. 아주
탐나는데.
더는 시간을
끌 수 없어.
좌악
간다!

허겁지겁
멈칫!
날 이겨도 이곳에서 나갈 방법을 알 수 없잖아.
아니, 잠깐만! 뭐가 그리 급해?

게다가 싸움이 끝나기 전에 친구들의 목숨이 위험할 수도 있어.
그럼 어쩌자는 거야?

갑자기 일지매의 무기가 갖고 싶어졌어. 그걸 넘기면 친구들을 풀어 줄게.

일지매의
무기를?

하지만 이건
백 선비님이
주신 건데.

고민할 시간이
없을 텐데. 친구들이
고통 받는 걸
보라고.

나에게 소중한 거지만
친구들을 위해서라면
괜찮아.

여기.
휙

훗, 땡큐.
팍

이제
내 친구들은
풀어 줘.
풀어
주라니?
내가 왜?

뭐야?
좀 전에 한 말과
다르잖아.
그건 일지매의
무기를 가진 진짜
일지매와의 약속이고.
지금의 넌 그냥
금동이잖아.
아앗!
그런
말장난으로
날 속이다니!
크크. 가시덩굴아,
저놈을 휘감아라!
속은 게
바보야.
속
쪼옹

 命 목숨 명 ノ 人 合 合 合 命 命

친구들을 위해 소중한 걸 포기한 금동! 금동아, 조금 더 힘을 내! 11권에서 계속됩니다.

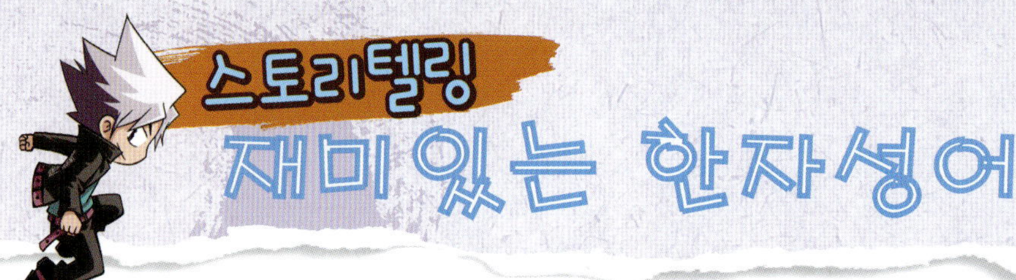

고립무원

孤 立 無 援

외로울 **고** 설 **립** 없을 **무** 도울 **원**

어쩌다 고립무원이 된 거야?
고립 무원?

고립무원(孤立無援)이란 '아무런 도움도 받지 못한 채 홀로 외로이 서 있다.'는 뜻이야.

지금의 나르시스처럼 도움이 필요한데 아무도 도와 주지 않는 상황을 뜻하지.
휴~, 그렇구나!

무슨 일인데 그래? 나라도 도와 줄까?
초롱
초롱
정말? 도와 줄 거야?

요즘 내가 자신감이 떨어져서 '나르시스는 잘생겼어~.'라고 백 번만 말해 주면 나을 것 같거든. 호야 너라도 부탁해.
나도 미안~!

차례

 ## 부수한자 마법 훈련, 급수 한자 마법 훈련

▲ 본책에서 공부한 부수한자와 급수 한자의 숨겨진 이야기와
여러 가지 뜻을 알 수 있고, 필순에 따라 써 볼 수 있습니다.

 ## 스토리텔링! 생활 속 한자, 교과서 속 한자

▲ 일상생활에서 활용할 수 있는 한자 단어와 교과서에 나오는
한자 단어를 재미있는 만화와 이야기 속에 담아 스토리텔링
학습을 돕습니다.

급수 한자 실력 쌓기

▲ 한자능력검정시험과 같은 유형의 문제를 생동감 있는 만화
와 함께 구성하여 한자 실력을 높일 수 있습니다.

필순 미로 탈출

▲ 재미있는 미로 탈출 게임을 하다 보면 한자 학습에서
중요한 필순을 자연스럽게 익힐 수 있습니다.

나타부한! 대 죽 竹  4급

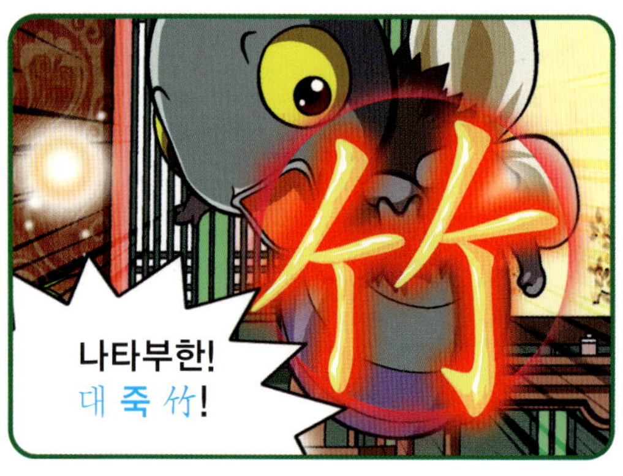

◉ 여러 가지 뜻과 음

① 대 죽

예 죽림, 죽순
→ 대의 땅속 줄기에서 돋아나는 어리고 연한 싹.
→ 대나무 숲.

② 대쪽 죽

예 죽서
→ 대쪽에 쓴 글.

③ 부챗살

竹

◉ 필순에 따라 쓰기

뜻 대 음 죽
총 6획

나타부한! 설 립 효 7급

알아보기

땅 위에 선 사람! 설 립!
- '효'은 땅 위에 한 사람이 서 있는 모양을 나타낸 글자로, '서다'를 뜻합니다.
- 제부수한자입니다.

◉ 여러 가지 뜻과 음

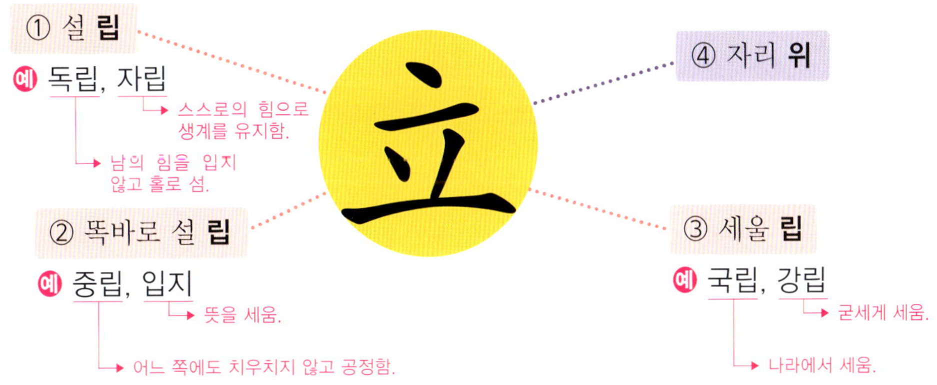

◉ 필순에 따라 쓰기

급수 한자 마법 훈련

나타부한! 올 래 來 【7급】

다른 나라에서 온 보리! 올 래!
- '來'는 보리의 뿌리와 줄기를 그린 모양을 나타낸 글자로, 보리가 다른 나라에서 왔다는 데서 '오다'를 뜻합니다.
- 부수한자는 사람 인 人입니다.

● 여러 가지 뜻과 음

● 필순에 따라 쓰기

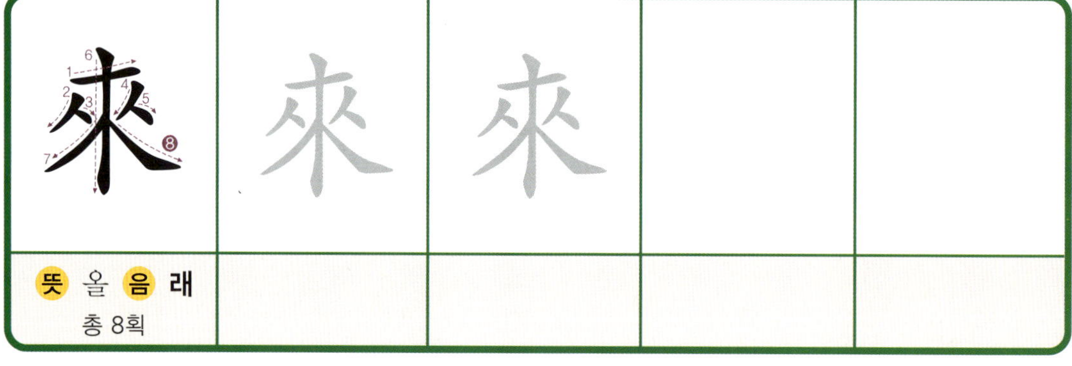

나타부한! 셈할 산 算 **7급**

알아보기

대나무로 숫자 세기! 셈할 산!
- '算'은 숫자를 세는 대나무(대 죽 竹) 가지를 갖추고(갖출 구 具) 수를 셈한다는 데서 '셈하다'를 뜻합니다.
- 부수한자는 대 죽 竹입니다.

◉ 여러 가지 뜻과 음

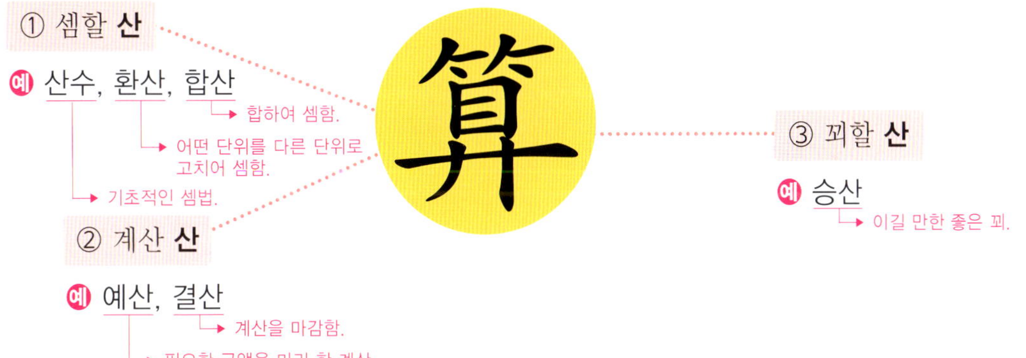

◉ 필순에 따라 쓰기

급수 한자 마법 훈련

나타부한! 한나라 한 漢 **7급**

알아보기

진흙이 많은 강에 세워진 한나라! 한나라 한!
- '漢'은 한나라가 진흙(진흙 근 堇)이 많은 강(삼수변 氵)의 상류에 세워진 것을 나타낸 글자로, '한나라'를 뜻합니다.
- 부수한자는 삼수변 氵입니다.

● **여러 가지 뜻과 음**

① 한나라 **한**
예 한자, 한족
→ 중국 본토에서 예로부터 살아오는 겨레.
→ 중국어를 표기하는 문자.

② 은하수 **한**
예 은한
→ 은하수.

③ 사나이 **한**
예 문외한
→ 어떤 일에 직접 관계가 없는 사람.

漢

● **필순에 따라 쓰기**

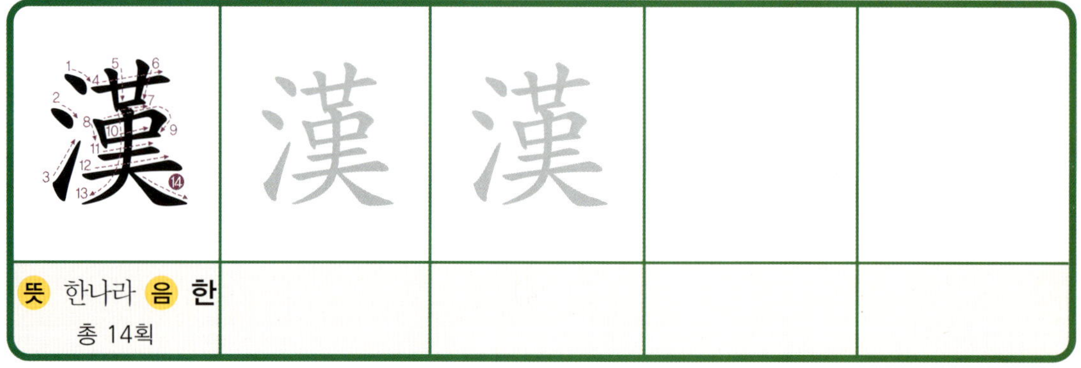

漢	漢	漢		
뜻 한나라 음 한 총 14획				

왼 **좌** 左
오른 **우** 右

나타부한! 그럴/불탈 **연** 然 **7급**

알아보기

제물로 고기를 구워 올리는 것은 당연히 그런 것! 그럴/불탈 연!

- '然'은 개(개 **견** 犬)고기(고기 **육** 肉)를 불에 구워 제물로 올리는 것이 당연하다는 데서 '그러하다', '불타다'를 뜻합니다.
- 부수한자는 연화발 灬입니다.

◉ 여러 가지 뜻과 음

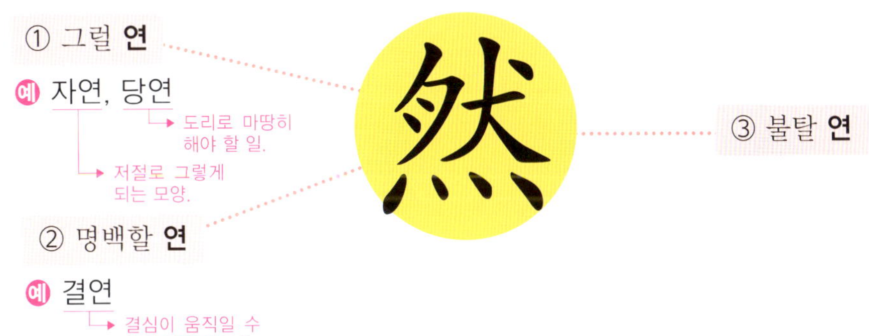

① 그럴 **연**

예 자연, 당연
→ 도리로 마땅히 해야 할 일.
→ 저절로 그렇게 되는 모양.

② 명백할 **연**

예 결연
→ 결심이 움직일 수 없을 만큼 확고함.

③ 불탈 **연**

◉ 필순에 따라 쓰기

然	然	然		
뜻 그럴/불탈 **음** 연 총 12획				

한자 단어 마법 훈련

나타부한! 마음 심 心 단어를 익혀라!

나타부한! 일 **사 事** 단어를 익혀라!

나타부한! 무거울/소중할 중 重 단어를 익혀라!

나타부한! 모/방향 방 方 단어를 익혀라!

※파자(깨뜨릴 **파** 破, 글자 **자** 字) : 한자의 자획을 풀어 나눔.

난 쉴 때 노래를 불러.
나도 즐겁게 노래해.
노래 가 歌

木
나무 목
나무
(나무 목 木)
위에

人
사람 인
두 사람
(사람 인 人)이
있네요. 이쪽으로
오세요~.

來

올 래

식사가
준비되었어요.
이쪽으로
오세요~.
네!

宀
집 면
집(집 면 宀)에
至
이를 지
이르기
(이를 지 至)
위해 열심히
달렸더니 방까지
갔네.

室
방 실

내가 1등!
헉!
방 안까지
들어왔네.
헥. 헥.

물 수
진흙 근
물(물 수 氵)과
진흙(진흙 근 堇)이 많은 양자강 유역의 나라는? 한나라!

漢

한나라 **한**

내 진흙을 받아라~.
내 물을 받아라~.
농사짓기 좋은 강가에 큰 나라가 생기는 법이지.

● 설 립 효

- 입춘(설 **립** 효, 봄 **춘** 春) : 24절기의 첫째. 이때부터 봄이 시작된다는 뜻임.
- 기립(일어날 **기** 起, 설 **립** 효) : 일어나서 섬.
- 입장(설 **립** 효, 마당 **장** 場) : 처해 있는 사정이나 형편.

◉ 올 래 來

- 거래(갈 **거** 去, 올 **래** 來) : 주고 받거나 사고 팖.
- 왕래(갈 **왕** 往, 올 **래** 來) : 가고 오고 함.
- 본래(근본 **본** 本, 올 **래** 來) : 사물이나 사실이 전하여 내려온 그 처음.

수학

- 산수(셈할 **산** 算, 셈할 **수** 數) : 기초적인 셈법이나 이를 가르치는 과목.
- 산술(셈할 **산** 算, 방법 **술** 術) : 일상생활에 실제로 응용할 수 있는 수학적 계산 방법.
- 계산(셀 **계** 計, 셈할 **산** 算) : 수량을 헤아림.

임금 **왕** 王
백성 **민** 民

사회

- 방위(모/방향 **방** 方, 자리 **위** 位) : 사방을 기본으로 하여 나타내는 그 어느 쪽의 위치.
- 한성(한나라 **한** 漢, 재 **성** 城) : 서울의 옛 이름.
- 사전(일 **사** 事, 법 **전** 典) : 여러 가지 사항을 모아 일정한 순서로 배열하고 해설을 붙인 책.

1 다음 만화를 보고 밑줄 친 漢字(한자)의 讀音(독음)을 쓰세요.

(1) (　　　　　　　　) (2) (　　　　　　　　)

2 다음 만화를 보고 밑줄 친 漢字(한자)의 讀音(독음)을 쓰세요.

(1) (　　　　　　　　) (2) (　　　　　　　　)

3 아래 만화에 있는 漢字(한자)의 訓(훈 : 뜻)과 音(음 : 소리)을 쓰세요.

( )

4 아래 만화에 있는 漢字(한자)의 訓(훈 : 뜻)과 音(음 : 소리)을 쓰세요.

( )

필순찾기

5 다음 한자의 ㉠획의 쓰는 순서를 아래에서 찾아 번호를 쓰세요. ············ (　　　)

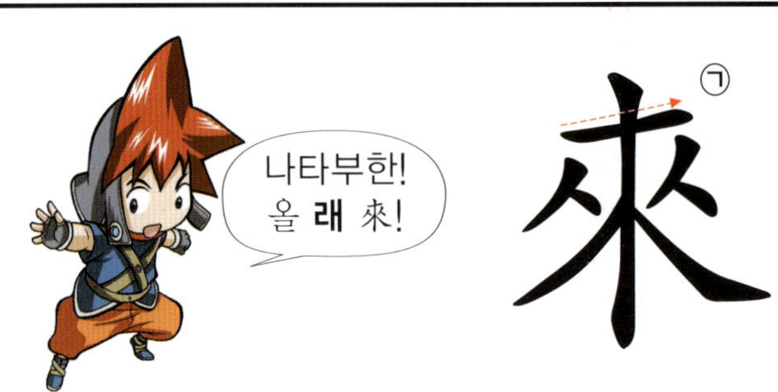

① 첫 번째　　　　② 두 번째
③ 세 번째　　　　④ 네 번째

6 다음 한자의 ㉠획의 쓰는 순서를 아래에서 찾아 번호를 쓰세요. ············ (　　　)

① 첫 번째　　　　② 두 번째
③ 세 번째　　　　④ 네 번째

7 다음 만화를 보고 밑줄 친 말에 해당하는 漢字(한자)를 보기 에서 찾아 번호를 쓰세요.

보기   ① 立 ② 來 ③ 然 ④ 算

(1) 오다 (   )

(2) 그러하다 (   )

8 다음 만화를 보고 밑줄 친 말에 해당하는 漢字(한자)를 보기 에서 찾아 번호를 쓰세요.

보기   ① 來 ② 算 ③ 立 ④ 漢

(1) 셈하다 (   )

(2) 서다 (   )

9 빈칸에 알맞은 漢字(한자)를 **보기** 에서 찾아 번호를 쓰세요.

보기 ① 算 ② 來 ③ 立 ④ 漢

(1)

(2)

(3)

(4)

10 밑줄 친 ㉠과 ㉡에 공통으로 쓰이는 漢字(한자)를 보기 에서 찾아 번호를 쓰세요.

보기   ① 立 ② 漢 ③ 來 ④ 算

(1)

(   )

(2)

(   )

字

※〈9권〉의 표지와 속표지를 참고하세요!

필순 미로 탈출

다음 권도
기대되는군!
필순 따라
출발!
算
도착!
示
算
筧
笘
筥
气
笱
色
笳
事
笳

1 ⑴ 립 ⑵ 래   2 ⑴ 한 ⑵ 산   3 셈할 산   4 올 래   5 ①   6 ④   7 ⑴ ② ⑵ ③
8 ⑴ ② ⑵ ③   9 ⑴ ① ⑵ ④ ⑶ ② ⑷ ③   10 ⑴ ① ⑵ ②

풀이

1 ⑴ 立 : 설 **립** ⑵ 來 : 올 **래**

2 ⑴ 漢 : 한나라 **한** ⑵ 算 : 셈할 **산**

3 算 : 셈할 **산**

4 來 : 올 **래**

5 來 : 올 **래** (ㄱ ㄱ ㄷ ㅍ ㅍ 本 來 來)

6 立 : 설 **립** (ˋ ㄱ ㄷ ㅎ 立)

7 ⑴ 來 : 올 **래** ⑵ 然 : 그럴 **연**

8 ⑴ 算 : 셈할 **산** ⑵ 立 : 설 **립**

9 ⑴ 算 : 셈할 **산** ⑵ 漢 : 한나라 **한** ⑶ 來 : 올 **래** ⑷ 立 : 설 **립**

10 ⑴ 立 : 설 **립** ⑵ 漢 : 한나라 **한**

2

학년   반
이름 :

차례

나타부한 테일즈러너 Tales Runner
부수한자 10
코믹 게임북
한자 공부의 재미, 모두 와라! 올 래 來!
천재 한빛 코믹스

셈할 **산**

7급

 ➡ 𥬮 ➡ 算

· 필순 : ノ 𠂉 ⺮ 𥫗 𥫗 𥫗 𥫗 𥫗 𥫗 𥬔 𥬓 算 算

나타부한!
사람 인 人!

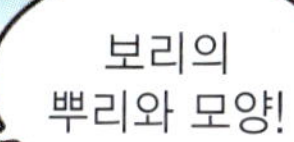

올 **래**

  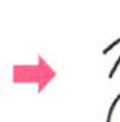  

나타부한!
설 립 효!

설 립

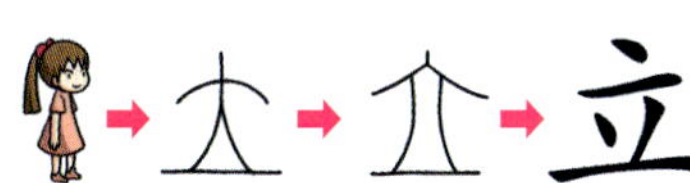

• 필순 :

나타부한!
삼수변 氵!

한나라 **한**

氵 + 堇 → 漢

• 필순 : ` ` 氵 氵 一 汁 汁 汁 汁 汁 汁
汁 汁 漢 漢

다음에서 설명하는
계절과 관련된
한자는 무엇일까요?

① 春 ② 夏 ③ 秋 ④ 冬
도전!
어떤 한자가
정답일까요?

※정답은 42쪽에!

다음에서 설명하는
계절과 관련된
한자는 무엇일까요?
① 春 ② 夏 ③ 秋 ④ 冬
도전!
정답은
무엇일까요?

13

※정답은 42쪽에!

금동이 말하는
한자들은 부수한자가
같아요. 어떤 부수한자를
사용하는지
골라 보세요.

학교 교 校
동녘 동 東
수풀 림 林

※ 정답은 42쪽에!

부수한자 퀴즈 2

※정답은 42쪽에!

왼쪽과 오른쪽 그림에 서로 다른 부분이 세 군데 있구나. 찾을 수 있겠느냐?
촤
악

※정답은 43쪽에!

19

왼쪽과 오른쪽 그림에
서로 다른 부분이 네 군데
있어요. 찾을 수 있겠죠?

②

③

※정답은 47쪽에!

10권에서 금동이와
친구들이 한마황을 이길
작전을 짜는 모습이에요.
다음 중 맞는 것을
골라 보세요.

①

28

등장 인물 퀴즈
②
③
※정답은 47쪽에! 29

다음 중 금동이
한마황의 군사들을
위에 세우기 위해
사용한 부수한자는
무엇일까요?
나타부한!
금동이의
기운으로 위로
세운다!
30

※정답은 47쪽에! 31

다음 중 하트의 여왕이 일에 지친 상태가 되라며 사용한 한자는 무엇일까요?
나타부한!
갈고리 궐 」을 부수로 해서 일에 지친 상태가 되어라!
32

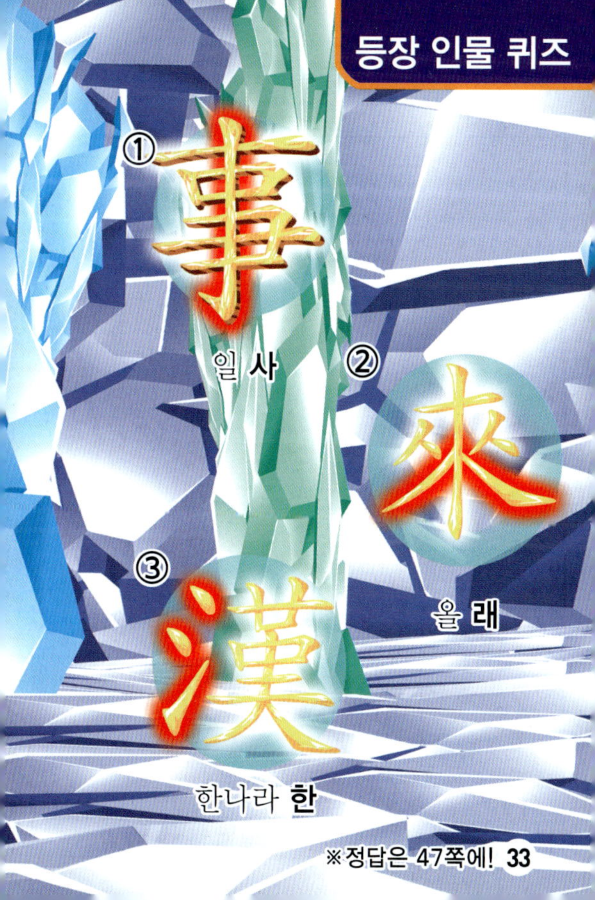

등장 인물 퀴즈
① 事
일 사
② 來
올 래
③ 漢
한나라 한
※정답은 47쪽에! 33

나도 작가!

<상황 1>

<상황 2>

<상황 3>

<상황 4>

당신이 부자가 될
확률은 얼마일까요?

① 

②

③

④ 

① 물 – 90%
생활에 필요한 것을 챙길 줄 아는 당신. 합리적인 씀씀이로 돈을 잘 모을 수 있다.

② 라면 – 60%
싸고 맛있는 것을 좋아하는 당신. 건강한 생활습관을 기른다면 멋진 부자가 될 수 있다.

③ 장난감 – 50%
즐거움을 찾는 당신. 긍정적인 마음으로 경제 생활을 하다 보면 기회를 잡을 수 있다.

④ 스티커북 – 20%
돈을 쓰는 것에 대해 아무런 생각이 없는 당신. 먼저 절약하는 습관을 기르는 것이 중요하다.

당신이 무인도에서
살아남을 확률은 얼마일까요?

친구와
만나는 날! 내
가방에는 무엇이
있을까요?

① 

책을 꼭
챙겨야지.

② 

간식도
준비했지.

③ 

난
손수건을
갖고 다녀.

④ 

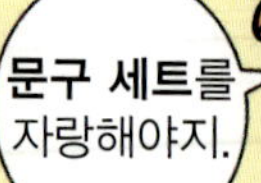

문구 세트를
자랑해야지.

① 책 – 20%
책은 마음의 양식이지만 무인도에서는 소용없다. 받침이나 땔감으로 사용하는 정도이다.

② 간식 – 50%
구조대가 올 때까지 최대한 아껴서 먹자. 꼭 살아서 돌아간다는 마음으로 버티면 된다.

③ 손수건 – 70%
나뭇가지를 연결하거나 깃발로 사용할 수 있다. 위기의 상황에 대처할 중요한 물건이다.

④ 문구 세트 – 90%
가위, 자, 연필, 각도기 등 다양한 문구를 이용할 방법을 찾아보자. 사용할 곳이 많을 것이다.

10쪽   ① 春

12쪽   ④ 冬

14쪽   ① 나무 **목** 木

16쪽   ② 열 **십** 十

아앗

전 여기 있어요!
머리만 쏙~!

※ 정답은 44쪽에!

왼쪽과 오른쪽 그림에
서로 다른 부분이 네 군데
있어요. 잘 찾아 보세요.

※정답은 45쪽에!

한마황의 부하들 속에
만화 속 친구들이 숨어 있어요!
금동이는 어디 있을까요?

우린 한마황 님의
군사예요. 다음 중
우리 그림자는
어떤 것일까요?
①

② 

① 

③

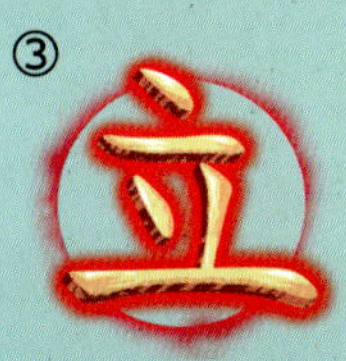

설 립

①

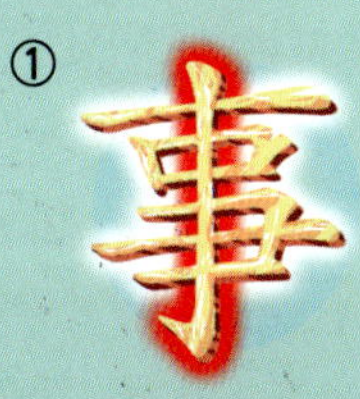

일 사

다음에는
또 얼마나 황당하고
재미있는 일들이
생길까요?
기대하세요~!

편할 **편**/
똥·오줌 **변**

人 + 更 ➡ 便

• 필순 : ノ イ イ 乍 乍 乍 佰 便 便

물건을 두는 곳!

7급

바/곳 **소**

戶 + 斤 ➡ 所

• 필순 : 丶 ﾗ ﾗ 戶 戶 所 所 所

8

평평할 **평**

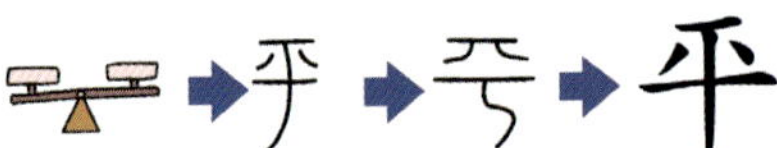

• 필순 :

글자 **자**

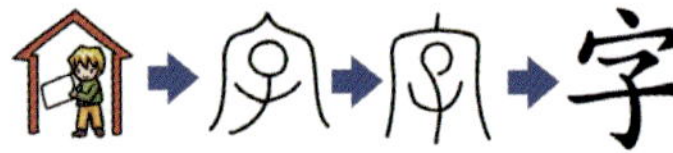

• 필순 :

① 金 ② 白 ③ 木

※정답은 42쪽에!

색깔 한자 퀴즈 2

① 青 ② 男 ③ 白

13

※정답은 42쪽에!

부수한자 퀴트 I

※정답은 42쪽에!

호야가 말하는 한자들은 부수한자가 같아요. 어떤 부수한자를 사용하는지 골라 보세요.
편할 편 /똥·오줌 변 便
쉴 휴 休

※정답은 42쪽에!

왼쪽과 오른쪽 그림에
서로 다른 부분이 세 군데
있구나. 찾을 수 있겠느냐?
18

다른 그림 찾기
그망
※정답은 43쪽에!
19

왼쪽과 오른쪽 그림에
서로 다른 부분이 네 군데
있어요. 찾을 수 있겠죠?

※ 정답은 44쪽에!

왼쪽과 오른쪽 그림에
서로 다른 부분이 세 군데
있어요. 잘 찾아보세요.

캉

23

만화 속 주인공들이 부수 광석 목걸이를 만드는 장치를 구경하고 있어요! 금동이는 어디 있을까요?
24

등장 인물 퀴즈
※정답은 46쪽에!
25

우리 친한
친구인 금동이와
호야예요. 다음 중
우리 그림자는
어떤 것일까요?
①

②

③

9권에 나온 지하
고을은 무시무시한 곳이었죠?
다음 중 지하 고을의 입구로
맞는 것을 골라 보세요.

①

28

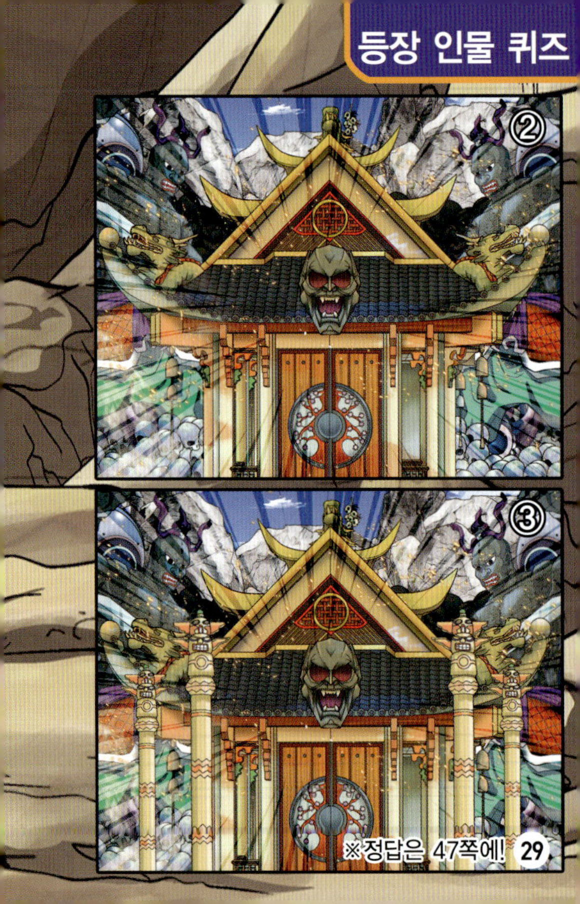

등장 인물 퀴즈
②
③
※정답은 47쪽에! 29

다음 중 지오가
금동 일행의 얼굴을
밝히기 위해
사용한 부수한자는
무엇일까요?

나타부한!
얼굴을 밝혀라!

30

① 

먹을 **식**

② 

낮 **면**

③ 

손 **수**

※정답은 47쪽에! **31**

다음 중 문영이 세상의 모든 글자를 모으기 위해 사용한 한자는 무엇일까요?
나타부한!
아들 자 子 를 부수로 해서, 세상의 모든 글자들아 모여라!
32

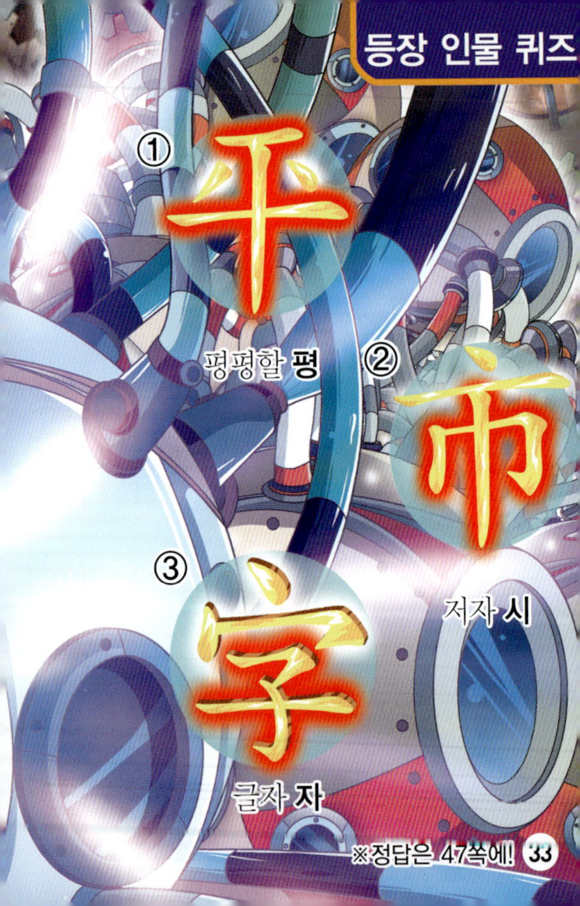
등장 인물 퀴즈

① 平
평평할 평

② 市
저자 시

③ 字
글자 자

※정답은 47쪽에!
33

나도 작가!

〈상황 1〉

〈상황 2〉

〈상황 3〉
36

나타 부한 테일즈런너 Tales Runner
부수한자 ⑩
코믹 게임북
재미있는 퀴즈와
게임이 가득해요!
주의 책 모서리에 다칠 수 있으니 주의하시기 바랍니다.
부주의로 인한 사고의 경우 책임지지 않습니다.

테일즈런너와 일지매의 진짜 모험은
나비보안 테일즈런너 Tales Runner
부수한자 에서 계속됩니다!